ET SI... TOUT EST POSSIBLE?

Découvrez comment optimiser

LA PLEINE CONSCIENCE

avec les « 3C »!

Julie Corbeil, R.H.N. B.P.

DÉDICACE

Ce livre est dédié à mes deux précieux enfants et mes parents.
C'est leur amour infini qui m'a donné le courage de rester en vie.

REMERCIEMENTS

J'exprime également ma gratitude envers Gary Douglas et Dr Dain Heer, fondateur et co-fondateur d'Access Consciousness. C'est l'utilisation de leurs puissants outils qui a totalement changé ma vie.

PRÉFACE

MA VISION : PARTY DE MOLÉCULES

J'ai toujours eu un penchant pour la chimie.
D'aussi loin que je me souvienne, les atomes, les neutrons, les protons et les électrons étaient mes amis. À l'école secondaire, mon professeur de sciences ne réussissait pas à comprendre comment je pouvais connaître le tableau périodique des éléments chimiques en tout début d'année scolaire. Pour moi, c'était également un mystère!
Jeune adulte, je m'amusais à questionner mes enseignants universitaires sur leur opinion personnelle vis-à-vis la notion que tout soit énergie.
Plusieurs me regardaient en me disant que c'était intéressant…
D'autres me conseillaient de réfléchir sérieusement à mes orientations scolaires : majeur en psychologie et mineur en sexologie. Finalement, certains m'assignaient une note d'échec en m'indiquant clairement que je divaguais. Chouettes commentaires, n'est-ce pas? Ceci ne m'a pas découragée pour autant.
Autrefois, tout comme aujourd'hui, je croyais qu'il était souhaitable que je sois tolérante car ces individus n'étaient probablement pas au courant que tout ce qui existe est relié. Je dois par contre avouer que je trouvais cette attitude étrange et quelque peu archaïque!
Être entièrement différente et fréquemment réévaluer l'ordre établi éveillait en moi le feu sacré.
Alors, qu'est-ce que j'insinue vraiment avec mon concept que TOUT soit une célébration de molécules?

Je veux dire que tout ce qui existe représente une fréquence, une vibration. Et que si l'on est en mesure de se souvenir de ceci, en majorité du temps, on se rend service grandement.

Mon point de vue est le suivant :

Tout ce qui EST, est une fête d'atomes, organisés selon des structures moléculaires correspondantes à nos croyances conscientes et inconscientes.

Êtes-vous toujours là? Si oui, youpi! Je continue.

Selon moi, tout est énergie et ce qui nous pose des défis, ce sont les cristallisations de molécules (sphères nucléées) localisées dans nos corps énergétiques.

De plus - je m'élance en vous partageant ce renseignement pertinent - il y a cinq raisons qui nous font oublier que ceci est la simple vérité :

- Le système de croyances que nous avons intégré entre 0 et 17 ans;
- Les traumatismes de vies antérieures;
- Les contrats d'âme individuels et/ou avec autrui;
- Les vœux du passé récent et lointain;
- Les lignées ancestrales ou égrégores familiaux.

Advenant le cas, où vous souhaiteriez poursuivre vos découvertes, sachez qu'il est possible de découvrir quelles sont les mémoires cellulaires qui entravent votre parcours en consultant un mentor pour une lecture intuitive.

Plusieurs personnes compétentes offrent ce service. Assurez-vous simplement qu'en planifiant cette démarche, l'idée de cette rencontre résonne avec votre corps et votre cœur.

MON HISTORIQUE TERRESTRE

Sans entrer dans les détails, il m'apparaît souhaitable de partager certaines informations sur ma vie privée. L'événement suivant représente l'élément déclencheur qui m'a amené à écrire et à enseigner…

J'ai vécu, à l'apogée de ma trentaine, une expérience traumatisante. Quelqu'un que j'aimais infiniment a attenté à ma vie. J'ai failli mourir. Dans les longues minutes où j'ai effleuré la mort, je me suis fait la promesse que si je réussissais à sauver mon postérieur, je ferais en sorte de répandre des connaissances et d'offrir un support à l'humanité afin d'éviter que quiconque se retrouve dans cette position d'atrocité.

Comme dirait mon paternel, mon heure n'avait pas sonnée.

J'ai grandi dans une famille unie où la patriarchie menait le bal. À l'époque, en grandissant, mes opinions différentes des autres étaient plutôt vues comme de la rébellion. Je choisissais fréquemment de fermer ma jolie bouche pour éviter les réprimandes et les affronts.

Au début de ma vingtaine, après mûre réflexion et en honorant mon intuition, je me suis lancée tête première dans ce qui allait devenir mon expédition la plus excitante : Les retrouvailles avec la totalité de mon Être, appelée par mes parents biologiques et l'église catholique :

« Marie Patricia Julie »!

Précisons, par ailleurs, que mon parcours de plus d'un demi-siècle et toutes les années de ma carrière ont toujours été intensément animés… Une multitude de précieux moments arrosés de faits marquants…

INGRÉDIENTS DE CHANGEMENT

Vous êtes toujours là?

Alors, comme moi, vous désirez évoluer avec joie, aisance et gloire, en étant plus solide et outillé(e). Sachez à présent que vous y êtes presque!

Deux facteurs sont essentiels à notre expansion. D'abord, une volonté immuable de nous transformer, et ensuite, le courage de faire TOUT ce qui est requis pour expérimenter une vie sublime.

Sommes-nous au diapason? Est-ce que j'ai réussi à piquer votre curiosité?

Dans l'affirmative, accompagnez-moi pour les chapitres qui suivent…

Allons ensemble à la découverte des trois façons énergétiques de s'harmoniser, soit le trio de stratégies que je nomme les « 3 C ». Je vous quitte momentanément sur cette magnifique citation que la grande sage Marguerite Barankitse a dite, il y a longtemps, et que mes enfants m'ont rappelé récemment :

TOUTE VIE EST SACRÉE...

Table des matières

INTRODUCTION

LES STRATÉGIES « 3C »

CLARIFICATION, CRÉATION & COHÉRENCE

En d'autres termes, déblayer et choisir afin de recevoir!
Il est d'une importance capitale d'être à l'aise avec le mouvement. Ceci ne concorde pas avec la mentalité prévalant en société, qui conçoit souvent le changement comme un élément nocif.

D'une part, cette perspective requiert inévitablement de déprogrammer les systèmes de croyances qui ne nous servent plus pour obtenir de nouveaux résultats, car le mouvement est impératif pour que l'expansion se produise.

D'autre part, cette dernière, pour advenir, prône la flexibilité et la mouvance qui représentent les plus grandes sources de puissance.

Plus on bouge…
Plus on est flexible…
Plus on s'adapte…
Plus on a de la résilience à tous niveaux…
Plus on est en état de croissance et de pleine conscience.

Vous serez probablement d'accord que nous n'avons pas été éduqués de la sorte. Pour arriver à modifier cette mentalité limitée, je vous invite à faire l'apprentissage des dix concepts-clés à maîtriser si l'on désire croître avec rapidité!

Je vous résume le tout au meilleur de mes connaissances car je ne les ai pas inventés... Les créateurs d'Access Consciousness, Gary Douglas & Dr Dain Heer, les ont définis. Si vous désirez explorer plus en détails ces judicieux principes énergétiques, voici leur lien :

www.accessconsciousness.com

LES CONCEPTS-CLÉS

#1 Est-ce qu'un Être infini choisirait vraiment ceci?

Ce premier principe permet une ouverture de conscience.

Si l'on se pose cette question, automatiquement, nous sommes en mesure de prendre du recul vis-à-vis toutes les circonstances qui nous entourent. Ceci nous rappelle que nous possédons un aspect illimité bien plus grand qu'un précieux corps physique vivant une expérience terrestre.

Il s'avère carrément facile de vivre un détachement quand nos pensées cessent leur course. De plus, il est bénéfique de relativiser, afin d'être capable de percevoir les possibilités infinies qui peuvent maintenant jaillir dans notre réalité...

#2 Intéressant point de vue!

Ce second principe permet davantage de neutralité.

Si l'on se répète cette expression, nous sommes en mesure de demeurer impartial face à toute situation. Chacun possède un historique de vie unique. Le fait de répéter ces quatre mots génère en nous, une attitude qui évite la résistance, la réaction, l'alignement ou l'accord inconscient.

« Intéressant point de vue qu'il ou qu'elle ait ce point de vue » ou encore mieux : « Intéressant point de vue que j'aie ce point de vue! », éloigne des conclusions négatives à l'égard des divergences d'opinions et, surtout, nous empêche de tomber dans le malheureux piège du jugement de soi...

#3 Incréments (ou segments) de 10 secondes!

Ce troisième principe apporte davantage de sérénité.

Afin de vivre l'expérience de multiples possibilités et d'un avenir exponentiel, il est impératif de pratiquer des choix en toute liberté.

En se permettant la flexibilité de décider aux 10 secondes, on devient plus conscient... Cela évite de sauter à la conclusion de ce qui devrait être fait au détriment de ce qui fonctionne pour nous. Il est important de souligner que lorsque nous choisissons de demeurer dans le moment présent, nous avons moins tendance à croire que nos décisions constituent des erreurs.

Il est souhaitable de réaliser qu'il n'y a pas de bons ou de mauvais choix. Tout n'est simplement qu'un choix. En envisageant notre quotidien de cette façon, on modifie notre point de vue et on est en mesure de mieux chérir notre temps terrestre...

#4 Pas de forme, de structure ou de signification!

Ce quatrième principe évite la stagnation.

L'expansion se définit comme la capacité de vivre notre réalité en communion totale et en symbiose avec notre vérité. Ceci, ultimement, contribue à l'élévation de la fréquence de l'humanité. La pleine conscience, c'est l'absence de conclusions limitatives ainsi que l'actualisation de la notion d'acceptation inconditionnelle.

Lorsque nous nous alimentons par nos peurs ou par nos défis de vie, nous créons des solidifications dans notre réalité et celles-ci créent des restrictions. À chaque fois que l'on assigne une forme, une structure et/ou une signification (une charge émotionnelle) à quoi que ce soit, on se pond des limitations! Cette perspective de non-cristallisation des pensées rend tout, soit l'énergie, infiniment malléable. Cette totalité de choix a comme résultante l'avancement dans notre cheminement...

#5 Pas de jugement, de discrimination ou de discernement!

Ce cinquième principe attire davantage de prospérité.

Afin d'obtenir ce que nous désirons dans tous les domaines de notre vie, il y a deux facteurs essentiels à apprivoiser: l'absence d'opinions et la capacité à recevoir.

Lorsque l'on évite les jugements la majorité du temps, autant négatifs que positifs, on bifurque magiquement de la cristallisation moléculaire.

Cette saine habitude ouvre la porte à une abondance massive car la neutralité constitue l'état de la plus haute réceptivité. De plus, les options sont illimitées lorsque l'on n'a pas d'opinion arrêtée et quand on se rappelle que tout est un party! Il est souhaitable de reconnaître que de prendre position vis-à-vis quoi que ce soit génère la séparation d'avec nous-même. Par contre, cela ne veut pas dire, de ne pas avoir de désir. Il s'agit simplement de vivre sans succomber à la polarité...

#6 Pas de drogues!

Ce sixième principe garantit le leadership de vie.

Pour accéder à la pleine conscience, il est impératif de nous ouvrir à TOUT ce qui est, car tout ce qui se manifeste dans notre monde est un présent pour notre évolution. Spécifiquement, les choses qui ressemblent le moins à des trésors nous conduisent assurément vers ce qu'il y a de plus grand.

La plus grande dépendance sur la planète est l'inconscience. Éviter les drogues, récréatives ou non, nous assure de demeurer l'unique gestionnaire de notre parcours. Demeurer présent, en tout temps, nous porte à reconnaître et apprécier les inestimables petites choses qui font partie de nos réalités…

#7 Pas d'exclusion!

Ce septième principe favorise l'accueil.

Si l'on choisit de ne rien exclure de notre vie, ceci nous offre la possibilité d'expérimenter naturellement un sentiment constant de légèreté. Ne pas inclure quoi ou qui que ce soit cause une rupture énergétique et nous déconnecte de certaines parties de notre infinitude.

Ceci ne veut pas dire que nous devons aller prendre un café avec notre patron exécrable tous les dimanches! Il est simplement souhaitable de comprendre que si l'on résiste ou réagit en coupant tous les liens, on stoppe le flot d'énergie et on se restreint. Ne pas exclure qui ou quoi que ce soit est vivement important pour s'assurer que nos barrières demeurent dégagées. L'attitude gagnante constitue à maintenir un lien lumineux avec tout ce qui est, peu importe les circonstances…

#8 Évitez d'alimenter et de véhiculer les histoires!

Ce huitième principe libère la toxicité.

Pour accueillir la pleine conscience de tout ce qui est, il est souhaitable d'éviter d'adopter et de perpétuer les histoires. Une histoire est en fait une justification de limitations de vie. Il est important de se souvenir que nous ne sommes pas nos expériences passées et que celles-ci ne définissent pas ce que l'on est véritablement.

La répétition incessante de récits de vie stimule l'état de victimisation et freine les possibilités de transformation. Il est donc d'une importance capitale de s'abstenir de rendre vital, précieux et réel les limitations reliées à nos historiques de vie. Sachons principalement que pour élever notre conscience, il n'est point nécessaire d'avoir une explication pour quoi que ce soit…

#9 Pas de compétition!

Ce neuvième principe augmente la compassion.

À chaque fois que des jugements sont exprimés, il s'agit de l'énergie de compétition. Le laisser-être se situe à la base de notre pouvoir infini de magnétisation. À chaque fois que nous classifions quelque chose comme bon ou mauvais, cela nous pousse à compétitionner.

Antidote à la compétition : l'utilisation des questions! Pour ne pas sombrer dans le stress de performance, il est idéal de concevoir que tout est énergie. Tout se transmute et tout se crée. Tout est l'opposé de ce que cela paraît être et rien n'est l'opposé de ce que cela paraît être! Phrase insensée, mais j'y reviendrai…

#10 Vivre dans la question!

Ce dixième principe permet TOUS les changements.

La source ultime du changement est l'utilisation de questions. Les interrogations énergétiques agissent à des fins de formulations que l'on exprime sans attendre de réponse immédiate. Si vous voulez faire l'expérience d'une modification à n'importe quel niveau, il est essentiel d'utiliser ce procédé d'activation moléculaire.

L'action de poser des points d'interrogation dans votre discours constitue l'un des plus puissants moyens pour magnétiser des changements. L'application de cet outil génère des résultats sans équivoque, soit un réarrangement des particules d'énergie, une absence de cristallisation moléculaire ainsi qu'une ouverture à la loi universelle de cocréation.

En d'autres mots, en vous servant de cette stratégie, les entraves sur votre parcours se dissipent, vous évitez de créer de nouvelles limitations et l'Univers collabore avec vous en orchestrant la mise en place des éléments qui correspondent à vos désirs véritables.

C'est comme si vous choisissiez de voyager sur la « Planète Possibilités » au lieu de naviguer sur la « Planète Problèmes ». Votre réalité en est facilitée et vous pouvez avancer avec sérénité. Qu'est-ce que vous en pensez?

Veuillez noter que ces dix clés à intégrer s'échelonnent sur une vie entière…

Si le cœur vous en dit, vous pourrez plonger dans ma série, une collection de publications pragmatiques, soit de mini-guides pratico pratiques à paraître en 2019/2020!

QUOI D'AUTRE EST POSSIBLE MAINTENANT?

En guise de conclusion, je vous transmets les informations qui suivent. Celles-ci m'ont fréquemment éclairée et aidée à me recentrer sur le chemin de la béatitude.

- En collaboration et avec le soutien de l'Univers, je crée mes expériences terrestres...

- J'accueille doucement et bravement que tout part de moi...

- Je suis responsable, de façon consciente et très souvent de façon inconsciente, des joies et des peines dans ma vie...

- Tout ce qui m'entoure me reflète les émotions qui sont coincées dans mon corps et dans mon esprit...

- Je peux constamment être maître de mes pensées et gestionnaire de mes sentiments...

- Ce que j'expérimente présentement dans ma réalité est une répétition, un schéma familier, soit une empreinte neurochimique...

- Je comprends que mes perceptions viennent des souvenirs de mon passé récent et lointain...

- Je peux être émotionnellement dépendant(e) de ces perceptions car ma biochimie interne a tendance à répéter ces expériences...

amazon.fr

DcdFClhj5/-1 of 1-/pri-rti-fr-domtom2-ag/0-A1

SDcdFClhj5
DcdFClhj5/-1 of 1-/pri-rti-fr-domtom2-ag/0-A1

Merci
de vos
achats sur
Amazon.fr

Bon de commande
Votre commande du 23 mars 2021
N° 405-6568896-4584309

Numéro de récépissé DcdFClhj5
18 avril 2021

Qté	Article		Bin
1	ET SI... TOUT EST POSSIBLE?: Découvrez comment optimiser la pleine conscience avec les "3C"! Broché, Corbet, Julie. 1688892508: 1688892508: 9781688892507		

Cet envoi solde votre commande.

Vous pourrez toujours vérifier l'état de vos commandes ou modifier les détails de votre compte via le lien « Votre Compte » figurant en haut de la page sur notre site.

Vous souhaitez nous retourner un article? MERCI D'UTILISER NOTRE CENTRE DE RETOURS EN LIGNE

Notre Centre de Retour (www.amazon.fr/retours) vous guidera tout au long du processus de retour et vous fournira une étiquette de retour à imprimer. Merci de garder votre numéro de commande (vous pourrez le trouver à côté du récapitulatif de votre commande ci-dessus). Notre Politique de Retours n'affecte pas votre droit de rétractation prévu par la loi.

0/DcdFClhj5/-1 of 1-/1.CV8/pri-rti-fr-domtom2-ag/0/04-19-05:00/04-19-02:15 Pack Type : A1

- J'ai le désir de découvrir et de libérer les habitudes limitatives qui sont logées en moi...

- J'ai la volonté d'être et de faire tout ce qui est nécessaire pour intervenir et optimiser ce qui est...

- Je choisis mon expansion et je me dévoue à l'actualisation de mes cibles d'évolution dans tous les domaines de ma vie...

- J'active maintenant de nouveaux réseaux neurologiques afin de devenir l'Énergie de ce que je désire...

    Beaucoup à intégrer?
    Désirez-vous toujours continuer?
    Abordons de ce pas le premier « C »!

Chapitre I

CLARIFICATION

Première étape de l'actualisation de nos désirs véritables.

Ce segment essentiel permet de dégager la voie et de fournir plus de fluidité au processus d'optimisation. C'est le chemin qui mène à l'expérience de ZÉRO point de vue. Explorons-en ensemble toutes les ramifications.

PAS DE POINT DE VUE = PAS DE PROBLÈME!

L'absence d'opinions implique un lâcher-prise sur toutes nos conclusions personnelles. Cet état de libération clarifie l'émission de notre signal et contribue au dégagement de nos barrières inconscientes. Plus on déblaie notre champ magnétique et ce, dans les 8 domaines de notre vie, plus on augmente notre réceptivité et notre taux vibratoire.

Nous portons tous en nous des mémoires antérieures. Ce sont en fait des cristallisations d'événements marquants et émotionnellement chargés. D'un point de vue énergétique, celles-ci se nomment sphères nucléées. Il s'agit de souvenirs fréquemment traumatisants que nous avons intégrés consciemment et inconsciemment, depuis notre naissance.

Ceux-ci incluent nos tendances aux monologues d'auto-critique et aux dépendances visant à douter de soi. De plus, ces événements passés intensément souffrants se combinent aux traumatismes que nous n'avons pas libérés de nos vies passées.

Poids non-négligeable, n'est-ce pas?

Ces mémoires à elles seules, justifie l'importance cruciale qu'il importe d'accorder à la CLARIFICATION, soit la première étape liée à notre expansion. Nous pouvons exécuter toutes les pirouettes quantiques inimaginables et participer à tous les festivals de lumière… Si l'on ne se soucie pas de se débarrasser de nos propres solidifications moléculaires, c'est quasiment peine perdue pour notre alignement au firmament!

Il est recommandé de dévouer 20% de notre attention quotidienne à cette étape importante. Démanteler et désamorcer les molécules qui ne nous servent plus et qui sont douloureuses est nécessaire pour faire la place au renouveau. Indirectement, en procédant au déblayage, nous faisons la demande à la Source de manœuvrer les atomes afin qu'ils se combinent de façon optimale pour le plus grand bien de tous, incluant le nôtre! Évidemment, il existe de multiples modalités qui accomplissent ce merveilleux travail. Toutefois, en trente ans de pratique, j'en ai identifié une en particulier qui se démarque par son efficacité et par sa simplicité : la formule de déblayage d'Access Consciousness.

Right and Wrong, Good and Bad, POC and POD, All 9, Shorts, Boys and Beyonds®

J'avoue que cette technique alchimique peut sembler originale et excentrique. Elle est cependant, sans l'ombre d'un doute unique, ainsi qu'immensément pragmatique. Ce qui signifie qu'elle fonctionne. Vraiment.

Le but de mon ouvrage n'étant pas d'élaborer en long et en large sur la formulation du mantra de déblayage, je vous invite à aller visiter le lien suivant pour une présentation du principe par le Dr Dain Heer :

www.theclearingstatement.com

J'insère la traduction française pour faciliter la compréhension. Prendre note qu'il est recommandé de la réciter en anglais peu importe notre pays d'origine.

V.F. *JUSTE & FAUX, BON & MAUVAIS, POC & POD, TOUS LES 9, LES RACCOURCIS, LES GARS & LES AU-DELÀS.

Juste et Faux = Tout ce que nous considérons parfait et imparfait au sujet d'un problème.

Bon & Mauvais = Tout ce que nous considérons correct et incorrect au sujet d'un problème.

POC = Signifie point de création.

POD = Signifie point de destruction.

Tous les 9 = Représentent l'ensemble des 9 couches énergétiques que nous déblayons.

Les Raccourcis = Ce qui est significatif et ce qui n'a pas de sens selon nous au sujet d'un problème.

Les Gars = Représentent les sphères nucléées (mémoires cellulaires) reliées au problème.

Les Au-Delàs = Représentent des sentiments et des sensations que nous avons dans notre corps qui nous arrêtent dans notre élan, nous figent par rapport au problème.

La raison d'être du déblayage est de faire ressortir autant d'énergie de limitation et de jugement que possible… Cet outil est conçu pour contourner l'esprit logique et effacer en totalité ce qui ne permet pas l'expansion de la conscience.

COMMENT ON S'EN SERT?

C'est relativement simple.

Que vous y croyiez ou non, dites-la au moins une fois, à haute voix ou silencieusement. Pas nécessaire de ressentir ou d'y comprendre quoi que ce soit pour qu'elle fonctionne... Comme je l'ai mentionné ci-haut, chaque terme a une fonction bien spécifique et effectue la transmutation de la même manière que la sélénite ou l'ambre le font en lithothérapie et que nous pouvons le vivre avec la pleine lune mensuellement.

TOUT EST TRANSFORMABLE!

Fabuleusement, cette stratégie s'applique à TOUT, soit à toutes les énergies de résistance. Soyez rassuré(e)s, on transforme uniquement les blocages en détruisant et en décréant. On ne réduit point en poussière les belles choses!

Le meilleur moyen d'en faire une nouvelle habitude de vie est d'écouter silencieusement (en boucle) les formules de déblayages enregistrées qui répondent à vos besoins, pendant la nuit. À l'état de sommeil, le corps se retrouve en état de non-résistance et ne songe point à juger quoi que ce soit puisque qu'il est au repos.

Il est certainement efficace de lire, d'écrire et de réciter les déblayages silencieusement ou à voix haute. Cependant, écouter les enregistrements qui se répètent automatiquement, sans le son (mode silence), c'est le moyen le plus facile de dissiper et de transmuter ces sphères nucléées. De plus, il est fortement conseillé de répéter cet exercice pour une durée minimale de 21 nuits. Vous en avez probablement déjà entendu parler... Trois semaines sont habituellement indiquées pour créer de nouveaux réseaux neurologiques dans le cerveau.

Il est important de noter que la libération des mémoires cellulaires crée une réorganisation moléculaire. Votre corps nécessitera possiblement un supplément d'eau, de sucre, de sel et/ou de repos à la suite de la décharge électrique dû à la modification des électrolytes internes. Il est souhaitable de se donner entre 24 heures et 48 heures pour s'ajuster, lorsque l'on débute un nouveau processus de nettoyage énergétique.

DÉBLAYER CE QUI NE VOUS SERT PLUS!

Mon intention étant de vous outiller, soyez bien à l'aise d'utiliser les deux exemples de déblayage qui suivent et l'exercice de clarification pour débuter.

DÉGAGEMENT DES MÉMOIRES : VIE PRÉSENTE

Je détruis et je décrée en totalité, pour l'éternité, toutes les décisions, conclusions, évaluations, jugements, projections, rejets, séparations et attentes que j'ai envers ma réalité quotidienne et que je perçois venant d'autrui influençant ma réalité quotidienne.

Right and Wrong, Good and Bad, POC & POD, All 9, Shorts, Boys and Beyonds®

DÉGAGEMENT DES MÉMOIRES : VIES PASSÉES

Je détruis et je décrée en totalité, pour l'éternité, tous les serments, vœux, engagements, contrats, commisérations, allégeances, promesses et obligations entre moi et ma réalité présente, venant de toutes mes vies antérieures, de toutes les dimensions et de tous les Univers.

Right and Wrong, Good and Bad, POC & POD, All 9, Shorts, Boys and Beyonds®

ET SI... TOUT EST POSSIBLE ?

Visitez mon site pour recevoir GRATUITEMENT ces 2 déblayages! (Document audio MP3)

La liste qui suit se veut une banque référentielle. Choisissez celles qui résonnent le plus avec vous, chaque jour!

*Prenez note que le terme dieulliard signifie le nombre représentant l'Infini.

1) Toutes les définitions du passé et du présent que j'entretiens continuellement et qui m'empêchent d'être et d'avoir ce que je suis véritablement;
Tout ceci fois un dieulliard, je le détruis et le décrée en totalité, pour l'éternité, avec sérénité.
Right and Wrong, Good and Bad, POC & POD, All 9, Shorts, Boys and Beyonds®

2) Tous les sentiments et émotions que j'utilise pour éviter et/ou stopper toutes les créations que je désire;
Tout ceci fois un dieulliard, je le détruis et le décrée en totalité, pour l'éternité, avec sérénité.
Right and Wrong, Good and Bad, POC & POD, All 9, Shorts, Boys and Beyonds®

3) Toutes les fois où j'ai cessé d'exercer ma capacité à choisir car mes désirs ne se manifestaient pas ou ne se magnétisaient pas exactement comme je le souhaitais;
Tout ceci fois un dieulliard, je le détruis et le décrée en totalité, pour l'éternité, avec sérénité.
Right and Wrong, Good and Bad, POC & POD, All 9, Shorts, Boys and Beyonds®

4) Toutes les possibilités infinies pour transformer tout ce qui me dérange, que je n'ai pas imaginées jusqu'à maintenant;
Tout ceci fois un dieulliard, je le détruis et le décrée en totalité, pour l'éternité, avec sérénité.

Right and Wrong, Good and Bad, POC & POD, All 9, Shorts, Boys and Beyonds®

5) Toute définition de moi que j'ai décidé de ne jamais laisser aller car celle-ci me garde en vie;
Tout ceci fois un dieulliard, je le détruis et le décrée en totalité, pour l'éternité, avec sérénité.

Right and Wrong, Good and Bad, POC & POD, All 9, Shorts, Boys and Beyonds®

6) Toutes les fois où je me suis défini(e) à partir des définitions d'autrui;
Tout ceci fois un dieulliard, je le détruis et le décrée en totalité, pour l'éternité, avec sérénité.

Right and Wrong, Good and Bad, POC & POD, All 9, Shorts, Boys and Beyonds®

7) Partout où j'ai adopté un point de vue rationnel à l'égard de mon pouvoir illimité par peur d'être trop conscient(e) et puissant(e);
Tout ceci fois un dieulliard, je le détruis et le décrée en totalité, pour l'éternité, avec sérénité.

Right and Wrong, Good and Bad, POC & POD, All 9, Shorts, Boys and Beyonds®

J'enchaîne avec des stratégies efficaces pour soutenir la démarche de nettoyage!

Visualisation d'expansion

- Visualisez votre corps énergétique prendre de l'expansion...
Remplissez la pièce où vous êtes, l'édifice où vous vous situez, la ville où vous vous trouvez, la province ou l'état où vous habitez, le pays où vous nichez, le continent où vous êtes localisé et tout l'Univers... Et lorsque vous croirez être au maximum de votre périmètre, étendez votre énergie encore plus loin!

OUTILS DE CLARIFICATION

Saviez-vous que 98% de vos pensées, sentiments et émotions ne vous appartiennent pas? De plus, il est fréquent de les capter jusqu'à 12 000 km à la ronde!
Ceci explique bien plusieurs de nos états, n'est-ce pas?
Une variété de moyens existe pour gérer cet aspect de nos vies. Voici 4 outils qui peuvent modifier notre état de façon extraordinaire.

1) À QUI ÇA APPARTIENT?

Ce premier outil permet de maintenir notre niveau d'énergie.

À tout moment, si vous percevez un inconfort, il est fort utile de faire la demande :

Est-ce à moi, est-ce à quelqu'un d'autre ou à quelque chose d'autre?

Cela peut s'avérer un travail ardu car quelques 70 000 pensées traversent quotidiennement notre esprit...

Toutefois, le jeu en vaut la chandelle, car cette pratique est la plus transformatrice qui soit. Dévouer trois journées à nous questionner ainsi sur toutes les idées que nous expérimentons, c'est la solution pour cesser d'accumuler les limitations. Cette discipline peut s'avérer exigeante. Par contre, dès les premières heures, on peut percevoir une différence...

N.B. À pratiquer aussi souvent que vous le désirez, surtout si vous vous sentez plus fragile.

2) RETOUR À L'EXPÉDITEUR

Ce deuxième outil prévient la solidification de croyances limitatives.

Si vous percevez que cette énergie ne vous appartient pas, après avoir accueilli l'information, retournez celle-ci en répétant : **Retour à l'expéditeur, conscience attachée!** (Même si vous ne connaissez pas l'émetteur.) Cet outil favorisera votre neutralité et offrira à autrui le choix de se conscientiser...

N.B. À pratiquer aussi souvent que vous le désirez, surtout si votre entourage vous perturbe.

3) ALGORITHME 1 à 3

Ce troisième outil autorise l'éloignement en douceur de toute forme de douleur physique et émotionnelle.

La planète se nourrit de particules d'énergie. Elle reçoit tout sans jugement. Elle est constamment neutre.

L'algorithme « 3 » est utile si un inconfort ou une émotion désagréable vous habite. Si c'est le cas, recyclez-la en l'offrant à la terre.

Pour ce faire, identifiez-la et ressentez-la pour quelques secondes. Comptez par la suite de 1 à 3. Au prononcé du 3, dites : **Contribution à la Terre**, et envoyez l'énergie vers le sol. Il est souhaitable de répéter cette technique au minimum trois fois.

N.B. À pratiquer aussi souvent que vous le désirez, tant et aussi longtemps que l'énergie de lourdeur ne se sera pas dissipée.

4) PHRASE INSENSÉE

Ce quatrième outil permet de quitter la polarité, soit nos points de vue limitatifs.

Il s'agit d'une formulation qui peut paraître farfelue… Cependant, voilà une phrase qui nous ramène instantanément à ZÉRO point de vue!

TOUT EST L'OPPOSÉ DE CE QUE CELA PARAÎT ÊTRE ET RIEN N'EST L'OPPOSÉ DE CE QUE CELA PARAÎT ÊTRE.

N.B. À appliquer aussi souvent que vous le désirez, surtout si vos méninges vous jouent des tours et que vous vous sentez fatigué(e).

ÊTRE DANS L'INACTION NUIT À L'ÉVOLUTION…

Afin de promouvoir votre extension, peu importe la situation, il est impératif d'éviter la stagnation!

Choisir de bouger à petite, à moyenne et à grande échelle - et c'est ce que permettent les déblayages - encourage le mouvement et invite l'humanité en entier à participer et à accéder aux possibilités illimitées!

Afin d'arriver aux résultats désirés, il est essentiel de pratiquer l'honnêteté…

Donc il est suprêmement important de reconnaître ce qui est, d'évaluer ce qui fonctionne et ce qui ne fonctionne pas dans nos réalités. Une fois que l'on a découvert ce qui encombre notre parcours, la clarification est notre recours.

Gardons en tête que tout ce qui est, sert de tremplin à notre potentiel divin.

Un dernier mot avant de passer au prochain segment. Sachez que si des formulations des déblayages accrochent à l'oreille, il est possible, bien sûr, de modifier les mots employés pour adoucir le tout. Néanmoins, si ces derniers vous causent des inconforts, c'est plus souvent qu'autrement dû au fait qu'ils dégagent de grandes quantités de mémoires qui étaient fermement ancrées…

Et puis, on poursuit le « party »?

Chapitre II
CRÉATION

Deuxième étape de l'actualisation de nos désirs véritables.

Ce segment essentiel permet d'ouvrir la voie à davantage d'expansion et d'accéder à la réalité que l'on désire. La création est le mécanisme qui déclenche l'activation du processus de changement. Explorons-en ensemble toutes les ramifications.

CHOISIR = CRÉER.

Si l'on désire quelque chose de différent, il est impératif de faire des choix, c'est-à-dire d'emprunter différentes avenues. L'étape de création élève notre taux vibratoire en permettant la connexion avec l'énergie universelle. Plus on se consacre à choisir (i.e. créer) et ce, dans tous les domaines de notre vie, plus on accélère la concrétisation et l'optimisation de nos intentions.

Nous faisons tous l'expérience d'apprentissages. Nous venons sur terre pour connaître l'éventail des sentiments humains ainsi que pour maîtriser notre pouvoir créateur. Toutes ces expériences vécues sont des matérialisations de cristallisation moléculaire reliées directement et subtilement à notre choix d'incarnation.

D'un point de vue énergétique, elles se présentent pour nous aligner avec nos leçons de vie. Il peut s'agir de défis de petite, de moyenne ou de grande envergure. Le chemin le plus rapide à emprunter pour réaliser nos aspirations sans perdre trop de plumes est celui des questions. Il s'agit de l'outil de création par excellence.

L'IMPORTANCE DE VIVRE DANS LA QUESTION!

Notre attitude face aux événements qui apparaissent dans nos réalités a vraisemblablement un grand rôle à jouer dans l'équation de notre épanouissement et de notre évolution. Pour modifier votre vie et pour mettre en pratique la loi universelle de cocréation, je vous invite à vivre dans la question!

« Quoi d'autre puis-je créer avec aisance? » est applicable à toutes les sauces.

Il est souhaitable d'utiliser ce principe énergétique aussi souvent que possible pour demeurer dans le moment présent en toutes circonstances, que ça aille bien ou mal! Souvenons-nous que les questions favorisent la pleine conscience… Choisir la stratégie du questionnement nous amène constamment à nous lier aux idées de génie auxquelles on n'avait peut-être pas encore pensé ou envisagé.

À chaque 10 secondes, il y a possibilité de mouvement, ce qui signifie que nous avons l'option de créer presqu'à chaque instant… Ce détail à lui seul justifie la très haute importance qu'il importe d'accorder à la CRÉATION, soit le deuxième segment lié à l'optimisation de notre expansion. Nous pouvons répéter des affirmations de pensées positives ad vitam aeternam, trois fois par jour pendant trois semaines. Cependant, si l'on ne fait pas suivre le tout avec une ou des questions énergétiques, nous ralentissons nos transformations.

Il est recommandé de dévouer 80% de notre attention quotidienne à cette stratégie. Intégrer dans notre vie de tous les jours l'habitude de recourir aux interrogations lorsqu'il y a ralentissement, blocage, confusion ou mécontentement permet la fluidité du mouvement.

COMMENT APPLIQUER CE CONCEPT ?

C'est encore relativement simple : répétition et pratique.

Le truc essentiel consiste à formuler l'interrogation sans attendre de réponse et sans en donner. Il est d'une importance capitale de ne pas sauter aux conclusions et de simplement laisser monter l'énergie pour éviter la stagnation, causée principalement par les jugements. Poser uniquement la question garantit la venue de prises de conscience.

Un bon truc est de répéter vos questions préférées dix fois en début de matinée ainsi que dix fois en fin de journée. Ce rituel éveille tous les sens et nous accoutume à recevoir des éclaircissements. Encore une fois, que vous y croyiez ou non, poser les questions à haute voix ou silencieusement augmente votre fréquence et votre taux vibratoire. Il s'agit d'un principe de physique quantique.

ACCÉDER AUX POSSIBILITÉS ILLIMITÉES!

Fréquemment, notre entourage sape nos élans de curiosité, une capacité innée. Plusieurs d'entre nous avons appris à ne pas faire de vagues, à ne pas remettre en question l'ordre établi. L'éducation reçue nous a peu encouragé à explorer et à sortir des sentiers battus pour aller au-delà de la réalité terrestre. Rappelons-nous que notre belle innocence d'enfant représente un antidote exceptionnel aux limitations, à tous points de vue...

Toute intégration de restrictions, soit nos croyances limitatives, diminue notre capacité à reconnaître et respecter notre vérité intérieure. De plus, ces résistances nous amènent fréquemment à devenir la personne souhaitée par nos concepteurs. Oui, vous avez bien lu ou entendu! Lorsque j'ai appris cette notion, j'en fut sidérée... Quoi d'autre est possible? En effet!

Les systèmes de croyances conscientes et inconscientes de nos géniteurs nous ont souvent causé bien des douleurs. Reconnaissons que nos parents ont fait ce qu'ils ont pu, là où ils étaient rendus. Une grande partie de la race humaine fait de son mieux la majorité du temps. Vous serez toutefois probablement d'accord avec le fait qu'il est très souffrant de ne pas avoir la liberté d'être soi-même.

Maintenant, si au lieu d'être happé(e)s par ce vortex, nous choisissions de poser des questions?

En d'autres termes, si la cocréation devenait une priorité dans notre réalité?

Pensez-vous que, graduellement, tout deviendrait possible?

Il est donc souhaitable d'instituer l'habitude de vie de recourir aux possibilités avant de paniquer. Si vous expérimentez une charge émotionnelle désagréable, un événement déstabilisant vous affecte ou un souvenir surgit sans crier gare, considérez ces deux phrases interrogatives à connotation générale :

QUOI D'AUTRE EST POSSIBLE?

COMMENT ÇA POURRAIT ÊTRE MIEUX?

Ces deux questionnements sont les interrogations de base à maîtriser et à appliquer au besoin. Elles fournissent le moyen le plus facile de naviguer avec facilité et de garder le cap en toutes circonstances. C'est certainement une bonne idée de les écrire et de les mémoriser. Appliquer ces formulations produit des résultats positifs impressionnants.

Dans ma pratique, personnelle et professionnelle, j'ai observé que les mouvements moléculaires sont observables en deçà de 48 heures. Souvent, les situations s'améliorent instantanément. J'ai remarqué que le délai d'actualisation semble être relié à la quantité et à l'intensité de nos solidifications d'atomes.

QUESTIONS ÉNERGÉTIQUES

Mon intention étant de vous aider à progresser, je vous recommande fortement d'utiliser les exemples et l'exercice de création qui suivent afin de poursuivre sur votre lancée.

Bien sûr, il s'agit d'une source référentielle. Vous pouvez rédiger vos propres questions! Choisissez celles qui résonnent le plus en vous, chaque jour. Plus vous en faites l'usage, plus vous activez et faites bouger les molécules pour votre plus grand bien et celui d'autrui.

1) Si je pouvais créer tout ce que je désire dans ma réalité, à quoi ressemblerait ma vie?

2) Comment ce qui me déplaît dans ma vie peut-il se résoudre encore mieux que ce que je suis en mesure de l'imaginer?

3) Et si je lâchais prise sur l'ensemble des conclusions, jugements et opinions de ma présente incarnation?

4) Qu'est-ce que cela prendrait pour être dans la neutralité, c'est-à-dire éviter de m'aligner, être en accord, réagir ou résister en toutes circonstances?

5) Qu'est-ce que je peux être ou faire de différent pour optimiser ce qui est maintenant?

6) Quoi d'autre peut être actualisé dans ma réalité, ce qui m'ouvrira constamment les portes à des possibilités illimitées?

7) Et si mes limitations étaient des détours menant à l'évolution de mon Être?

8) Univers, peux-tu me montrer le prochain mouvement, l'action requise qui me permettra de dégager mes barrières en confiance?

Utiliser les questions nous éveille à au moins une alternative. Adopter l'attitude : « Je n'ai pas le choix... » constitue un choix! Désirez-vous maintenant davantage de mouvement?
Oui? Allons-y!

E X E R C I C E D E C R É A T I O N

Appel d'Énergie

- Visualisez votre corps énergétique prendre de l'expansion...

Remplissez la pièce où vous êtes, l'édifice où vous vous situez, la ville où vous vous trouvez, la province ou l'état où vous habitez, le pays où vous nichez, le continent où vous êtes localisé et tout l'Univers... Et lorsque vous croirez être au maximum de votre périmètre, étendez votre énergie encore plus loin!

Appelez ensuite l'énergie de tous les éléments de la nature, de toutes les personnes, de tous les endroits, de toutes les circonstances, de toutes les situations qui peuvent contribuer positivement à votre réalité et demandez-leur de venir vers vous.

Voyez ensuite ces particules d'énergie lumineuse vous traverser, vous entourer et vous envelopper. Remerciez-les pour les contributions inestimables qu'elles vous apportent et saupoudrez des étincelles de luminosité dans toutes les directions.

N.B. À pratiquer aussi souvent que vous le désirez, surtout si vos blessures d'âme* ressurgissent.

*Référez-vous au chapitre 3 pour la nomenclature de celles-ci.

OUTILS DE CRÉATION

Une variété de moyens est à notre disposition pour favoriser notre « exponentialisation ». Voici 4 outils supplémentaires qui peuvent activer les molécules de façon extraordinaire.

1) MÉMOIRE CELLULAIRE

Ce premier outil peut être utilisé pour n'importe quel problème physique ou émotionnel rencontré. Il dégage en douceur les inconforts.

Voici comment vous en servir :

- Amenez à votre conscience un état récurrent qui est souffrant…
- Donnez-vous quelques instants pour l'identifier et le ressentir…
- Quand vous êtes prêt(e)s, dites à voix haute ou dans votre tête :

Mémoire Cellulaire de _____ ,
Point de Création,
Tourne, Tourne...

Continuez à répéter "TOURNE" jusqu'à ce que l'inconfort se dissipe.

Celui-ci libère les mémoires cellulaires permettant ainsi à votre véhicule physique de retourner à l'homéostasie, son état originel, et de rétablir l'équilibre pour que l'auto-guérison naturelle ait lieu.

N.B. À pratiquer aussi souvent que vous le désirez, surtout si votre santé physique et psychologique vous cause des ennuis.

2) QUATUOR

Ce deuxième outil permet d'y voir plus clair lorsque des émotions colorées (i.e. dérangeantes) sont à la hausse.

Quand une situation déstabilisante se présente, demandez à l'Univers de vous éclairer…

#1 Qu'est-ce que c'est?
#2 Qu'est-ce que je fais avec ça?
#3 Est-ce que je peux la changer?
#4 Si oui, comment puis-je la changer?

Donnez-vous amplement le temps de recevoir les réponses. Faites confiance à votre intuition qui vous guidera pour le prochain pas.

N.B. À utiliser aussi souvent que vous le désirez, surtout si la confusion règne dans votre monde.

3) ALGORITHME 1 à 4

Ce troisième outil permet d'adoucir les parcours houleux.

L'algorithme « 4 » est utile pour améliorer une situation qui s'avère problématique. En procédant avec cet algorithme, on prévient l'envenimement, ce qui magnétise un dénouement plus positif.

Pour ce faire, pensez aux circonstances en question, visualisez-les pour quelques secondes et comptez par la suite de 1 à 4. Au prononcé du chiffre 4, dites : modification de l'avenir en envoyant de l'énergie vers le ciel. Il est souhaitable de répéter cette technique au moins trois fois.

N.B. À pratiquer aussi souvent que vous le désirez pour faire fondre l'énergie du stress et de l'anxiété…

4) **MOUVEMENT D'ÉNERGIE**

Ce quatrième outil permet de défaire rapidement les solidifications moléculaires auxquelles vous avez affaire.
Voici les actions qu'il est utile de connaître pour gérer l'énergie :

A) Quand on rencontre une résistance et/ou une agression, on soutire l'énergie (**Visualisez que vous dégonflez un ballon!**).

B) Quand on rencontre une stagnation et/ou un drainage, on envoie de l'énergie vers celle-ci (**Visualisez que vous gonflez un ballon!**).
N.B. À appliquer aussi souvent que vous le désirez, surtout si vous percevez fréquemment ces tiraillements.

Q U ' E S T - C E   Q U E   J E   P E R Ç O I S ?

Notre capacité intuitive est, selon moi, notre plus grande richesse. Si vous êtes en mesure de cesser de juger vos actes et vos paroles passées, de vous faire confiance et de vous pardonner, vous aurez étonnamment plus de facilité à retrouver la sérénité.

Souvent, les gens se demandent : Est-ce ma petite voix qui parle ou mon égo? Si cela vous tracasse, il existe un moyen de le savoir : Posez des questions!

Nous reconnaissons tous qu'il existe une panoplie d'outils qui sont tout à fait superbes pour mieux comprendre les messages issus de La Source.

Cependant, selon mon expérience, la route la plus sereine pour arriver à les percevoir et à réaliser nos rêves demeure le « ? ».

En résumé, voici en quoi consiste l'étape de création :
1. Poser une question
2. Poser une autre question (la même ou une différente!)
3. Poser encore une autre question (la même ou une différente!)
4. Jusqu'à ce que vous obteniez un état de légèreté…

Cette démarche fera apparaître la magie nécessaire à la transmutation de vos petits, moyens et gros tracas. Je vous assure que c'est le cas.

Maintenant, place à la dernière étape de la pleine conscience.

Je vous rejoins au chapitre suivant pour vous présenter la COHÉRENCE!

Chapitre III
COHÉRENCE

Dernière étape de l'actualisation de nos désirs véritables.

Ce segment essentiel permet de concrétiser nos désirs dans le plan physique avec plus de rapidité. C'est la voie qui mène à la manifestation de nos intentions, soit la réalité que nous souhaitons expérimenter. Explorons-en ensemble toutes les ramifications.

LA RÉALITÉ SE COMPOSE DES PRIORITÉS !

Ce qui se présente dans notre réalité révèle nos véritables priorités.

Intéressant, n'est-ce pas?

Par véritable priorité, j'entends nos croyances inconscientes.

Tout ce qui est présent dans nos vies a pris naissance à un moment ou à un autre en nous. Évidemment, il est plus qu'important de souligner que nous n'avons pas délibérément choisi de créer parfois des merdiers!

Depuis notre venue au monde et même avant, les émotions vécues lors d'une multitude d'événements significatifs ont fabriqué nos systèmes de croyances. Ces idées contraignantes, ont par la suite magnétisé leurs conséquences. Notre réalité extérieure constitue une réflexion exacte de nos traumatismes intérieurs. C'est une des lois de l'Univers.

Cette information à elle seule justifie l'importance magistrale qu'il importe d'accorder à la COHÉRENCE, soit la troisième étape liée à notre expansion. Nous pouvons acquérir toutes les connaissances de toutes les écoles de pensée, de tous les grands sages du présent et du passé, de tous les archanges et divins maîtres ascensionnés... Si l'on ne choisit point de libérer en totalité nos programmations toxiques, on maintient nos limitations, on instaure la stagnation et on stoppe nos réalisations.

Pour concrétiser tout ce que l'on désire, il est recommandé de dévouer notre attention de tout instant à ce précieux segment, soit celui des choix correspondants.

CHOIX DE PLEINE CONSCIENCE?

Chaque fois que nous faisons face à une incertitude décisionnelle, il est recommandé de vérifier avec nous-même si nos décisions correspondent à nos intentions :

« Est-ce que ce choix correspond positivement à mon expérience de vie? »

Si l'incertitude demeure, allez-y plus en profondeur avec ce qui suit :

« Si je choisis ceci, comment CELA contribuera-t-il à ma vie dans 5 ans? »

« Si je ne choisis pas ceci, comment CELA contribuera-t-il à ma vie dans 5 ans? »

Si le brouillard persiste, je vous conseille de patienter.

En fait, si ce n'est pas clair, cela implique simplement que des éléments s'avèrent temporairement manquants et qu'il est plus sage de reporter votre réflexion. Si après avoir attendu pour un laps de temps que vous estimez suffisant, l'obscurité règne toujours, demandez de recevoir la guidance au bon moment et attendez d'être éclairé(e).

Faire des choix en accord avec notre vérité intérieure produit toujours de formidables résultats. Par contre, avouons que demeurer dans la cohérence constante, c'est un art qui nécessite de la discipline car les émotions peuvent régulièrement nous dérouter.

CORRESPONDANCE OU RÉSISTANCE ?

Les avenues que nous empruntons influencent toute réalité, pas uniquement la nôtre. Tout choix de sentier initie des mouvements moléculaires qui ont le potentiel de changer les choses en nous et dans notre entourage.

« Nous sommes tous un… » explique bien cette notion.

Vous avez assurément capté combien il importe de savoir quelles énergies nous désirons expérimenter. Au risque de me répéter, tous nos choix influencent notre avenir et celui de l'humanité.

Un présent optimal se crée à partir d'une vision phénoménale!

Ceci semble bien évident. Alors qu'est-ce qui fait que nous éprouvions des difficultés et que nous ne conscientisions pas constamment nos choix? L'explication est généralement attribuée à des automatismes enclenchés par nos traumatismes. On évite de choisir car, selon notre ego :

Cela nous procure de la sécurité;

Cela nous maintient en vie;

Cela nous fournit une échappatoire;

Cela nous aide à ignorer notre mal-être;

Cela nous rend plus confortable en société;

Cela calme notre esprit;

Cela nous permet de tolérer l'insoutenable;

Cela engourdit notre sensibilité;

Cela justifie nos incapacités;

Cela maintient le statu quo.

Le changement représente l'une des plus grandes peurs de l'être humain, car le mouvement a été associé depuis la nuit des temps au danger. Plusieurs le fuient comme la peste. Cependant, c'est par son entremise que nous nous créons une meilleure qualité de vie…

Comment le vivez-vous?

Est-ce qu'une de ces attitudes vous afflige?

- Je passe à l'action de temps en temps…
- J'exprime ce que je désire, toutefois je m'abstiens d'agir…
- Je ne sais pas par où commencer…
- Je laisse les commentaires me distraire…
- Je doute de ma voix intérieure…

Afin de transcender ces comportements, il est nécessaire de dégager nos barrières. Au lieu d'utiliser ces stratégies de survie, il est souhaitable de reconnecter avec notre vérité et de retrouver notre pouvoir illimité.

ET SI... TOUT EST POSSIBLE?

Avez-vous envie d'être totalement en charge de votre cheminement et maître de votre parcours sur Terre?

Débutez en vous familiarisant avec les sensations qui confirment des choix cohérents...

- Légèreté
- Relaxation
- Espace
- Clarté
- Paix intérieure
- Joie
- Sécurité
- Liberté.

DEVENIR UN PHARE CLAIR POUR L'UNIVERS!

Dans un premier temps, il est vital de clarifier quels sont nos désirs et aspirations... Rappelons-nous que de reconnaître ce qui génère de la joie en nous accélère notre vitesse de croisière et que l'absence de clarté face à ce que l'on souhaite dans notre réalité freine le travail de cocréation.

Dans un second temps, mentionnons l'importance de ne point critiquer nos demandes du cœur... Ceci diminue notre taux vibratoire. Si l'on succombe, questionnons-nous sur ce que l'on crée avec ces points de vue de jugement.

Voici des pistes de réflexion pour vous guider vers la clarté...

- Qu'est-ce que je désire plus que tout au monde?
- Qu'est-ce qui m'apporte énormément de plaisir?
- Comment puis-je créer ceci avec aisance?

- Et comment puis-je en générer davantage chaque jour?

La définition de nos objectifs permet à l'Univers de livrer la marchandise. Il s'agit de la case départ du renouvellement de notre expérience d'incarnation. Si la nonchalance nous habite face à ce que nous souhaitons vivre au quotidien, le message que nous envoyons à la Source est embrouillé. Malheureusement, ceci empêche nos vœux de se réaliser.

Petite parenthèse supplémentaire. Il m'apparaît ici important de mentionner que nous ne sommes point le grand maestro universel. Souvenons-nous que nous sommes de merveilleuses étincelles. La Source est au courant des possibilités infinies. Le « où », le « comment » et le « quand », c'est l'Univers qui le choisit. Votre mandat, si vous désirez passer à une autre fréquence, est de décrire vos intentions avec limpidité.

Quelles sont donc les priorités les plus importantes pour votre bonheur? Afin de magnétiser les résultats souhaités, offrez-vous un retour vers l'intérieur pour découvrir avec compassion votre vulnérabilité.

Je vous invite à rédiger sur papier ce que vous ciblez pour les 8 sphères de votre réalité. Veuillez noter que les quelques suggestions suivantes sont uniquement rédigées pour vous inspirer…

CIBLES ÉNERGÉTIQUES (Exemples)

#1 Santé = Expérience de béatitude avec mon corps…
#2 Finances = Aisance infinie tous les jours de ma vie…
#3 Famille = Connexions harmonieuses avec mes proches…

#4 Amour = Relation épanouissante et nourrissante…
#5 Carrière = Formidable utilisation de mes habiletés…
#6 Loisirs = Activités de plaisir en accord avec mon essence…
#7 Croissance = Sentiment de bonheur tout en douceur…
#8 Service = Contribution à la revitalisation de la planète…

COMMENT ÇA POURRAIT ÊTRE ENCORE MIEUX?

J'aborde un dernier aspect pour compléter ce troisième « C ». Ce sont les demandes inconscientes que nous formulons en lien avec nos blessures émotionnelles, soit les blessures d'âme auxquelles je faisais référence.

Reconnaître et réduire leur charge vibratoire est une nécessité pour recevoir.

Ceci nécessite beaucoup de bravoure, soit d'avoir les yeux grands ouverts pour endosser notre signature énergétique en tout temps. Révisons brièvement, pour les besoins de la cause, la façon dont notre environnement nous a modelé. L'art de se gérer débute avec la validation des défis que nous avons personnellement rencontrés…

INJUSTICE/NÉGLIGENCE
Cette expérience de vie se définit par le fait de ne pas avoir eu vos besoins essentiels satisfaits. L'absence de respect, de soutien et d'amour envers votre être représentent les principales caractéristiques de l'expérience de l'injustice et de la négligence. Cela signifie que l'on ne vous a pas parlé suffisamment, nourri correctement, réconforté régulièrement et/ou que l'on ne vous a pas accordé d'importance.

ABANDON

Cette expérience de vie est définie par le fait d'avoir été laissé seul(e) avec vous-même. L'absence d'orientation et d'empathie envers votre être constituent les principales caractéristiques de l'abandon. Cela signifie que l'on prévoyait que vous compreniez les choses par vous-même, qu'on vous a laissé seul(e) et/ou qu'on vous a délaissé à plusieurs reprises.

TRAHISON/ABUS

Cette expérience de vie se définit par le fait d'avoir été traité de façon irrespectueuse à plus d'un niveau. La critique, le dénigrement et l'agressivité envers votre être désignent les principales caractéristiques de l'abus. Cela signifie que vous avez grandi dans un environnement physique et/ou émotionnel violent et souvent cruel, et/ou qu'on vous a enseigné directement ou subtilement que vous ne possédiez aucune valeur.

REJET

Cette expérience de vie se définit par l'absence de reconnaissance, par la réprimande pour le seul fait d'exister et par l'ignorance de vos besoins sociaux en tant qu'être humain. Ce sont les principales caractéristiques du rejet. Cela signifie que l'on vous a dit que vous n'étiez pas désiré et/ou que vous n'avez pas été reconnu(e) comme une partie intégrante de votre famille de naissance.

HUMILIATION/PRIVATION

Cette expérience de vie se définit par le fait ne pas avoir reçu des soins appropriés dès votre plus jeune âge. Les circonstances de la vie liées à la pauvreté et au manque de ressources de base pour votre bien-être personnel personnifient les principales caractéristiques de la privation. Cela signifie que vous avez été élevé(e) en étant privé(e) de la satisfaction de vos besoins de base et/ou que vous avez été blâmé(e) pour en demander plus.

S Y N C H R O N I C I T É   A C T U A L I S É E ...

Substantiel téléchargement de renseignements? Digérez à votre rythme...

J'en profite pour vous rappeler que tout est orchestré et que nous sommes les musiciennes et les musiciens de l'Infini. Connaître ce qui nous a grandement affecté est, dans un sens, une bénédiction. Cela est souvent douloureux, toutefois, c'est ce qui permet d'élever notre taux vibratoire, de bonifier notre vie et d'évoluer.

La PLEINE CONSCIENCE se définit par la capacité de savoir, de percevoir, de ressentir et d'être.

L'actualisation ultime de notre expansion, c'est de n'avoir aucun jugement envers nous-même et autrui et d'accueillir tout ce qui est sans point de vue.

Plus nous émettons un « voltage » élevé, plus notre pouvoir d'attraction est puissant. Et vice versa.

Ce qui m'amène à dire que pour transformer nos vies, souhaiter le changement n'est pas suffisant… L'optimisation de notre réalité passe par les choix conscients.

Avez-vous envie de progresser en dépit de tout ce qui peut vous freiner?

ET SI... TOUT EST POSSIBLE?

J'ose l'espérer!

Je termine en vous partageant ces dix panneaux indicateurs et instigateurs de synchronicité :

1. Vous savez que vous êtes en charge de la cocréation de votre vie...
2. Vous posez des questions fréquemment...
3. Vous évitez les conclusions limitatives 50% du temps...
4. Vous suivez votre **GPS** intérieur même si cela semble illogique...
5. Vous savez que vous avez droit à vos rêves...
6. Vous demandez clairement ce que vous aimeriez obtenir...
7. Vous faites tout ce qui est requis pour actualiser vos désirs...
8. Vous êtes prêt(e) à être différent(e) de ceux qui vous entourent...
9. Vous recevez les cadeaux de l'Univers sans commentaires...
10. Vous éprouvez de la reconnaissance pour vos expériences...

C'est ici que notre aventure de lecture s'achève.
Voici ce que je vous souhaite, si vous me le permettez...
À partir de maintenant,
vous vous donnerez la permission d'exister,
vous reconnaîtrez sans cesse votre beauté,
vous vous ferez confiance et suivrez votre vérité,
vous révélerez votre originalité,
et vous chérirez votre infinitude pour l'éternité...

En espérant un jour vous rencontrer ou vous recroiser!
Grandiose gratitude pour cette danse de nos molécules...

ET SI... TOUT EST POSSIBLE?
Namasté,
XOX

À paraître en **2019/2020**
COLLECTION QUOI D'AUTRE EST POSSIBLE?

OPTIMISEZ LES 8 DOMAINES DE VOTRE VIE!
<u>SÉRIE</u> de mini-guides
pour transformer toutes les sphères de votre réalité!

QUOI D'AUTRE EST POSSIBLE : CORPS?
Découvrez comment optimiser votre santé!

QUOI D'AUTRE EST POSSIBLE : FINANCES?
Découvrez comment optimiser votre compte en banque!

QUOI D'AUTRE EST POSSIBLE : FAMILLE?
Découvrez comment optimiser les liens avec vos proches!

QUOI D'AUTRE EST POSSIBLE : AMOURS?
Découvrez comment optimiser votre vie amoureuse!

QUOI D'AUTRE EST POSSIBLE : TRAVAIL?
Découvrez comment optimiser votre mission de vie!

QUOI D'AUTRE EST POSSIBLE : LOISIRS?
Découvrez comment optimiser votre gestion de temps!

QUOI D'AUTRE EST POSSIBLE : CROISSANCE?
Découvrez comment optimiser votre parcours!

QUOI D'AUTRE EST POSSIBLE : EXPANSION?
Découvrez comment optimiser votre fréquence énergétique!

www.choisirUDL.com

Printed in Great Britain
by Amazon